LA FAZ DEL OLVIDO

LA FAZ DEL OLVIDO

A. GRATIUS

Valparaíso
EDICIONES

Número 524 de la Colección VALPARAÍSO DE POESÍA
dirigida por FEDERICO DÍAZ-GRANADOS

Diseño de colección y portada: Chari Nogales
Maquetación: Carlos Henson

Primera edición: enero de 2026

© De los poemas: Manuel Alexander Gratius
© Diseño de portada: *Narciso*, Jan Cossiers (1636 - 1638), Museo Nacional del Prado

© Valparaíso Ediciones
  C/ Fray Leopoldo, 7 bajo, 18014 Granada
  www.valparaisoediciones.es

  ISBN: 979-13-87538-91-0
  Depósito Legal: GR 1908-2025

  Impreso en España - *Printed in Spain*
  Gráficas Gami

LA FAZ DEL OLVIDO

AMOR

ME LLENASTE DE DOLENCIAS

Fue un alivio desdibujar la experiencia.
Regar tras los baldíos de la vivencia,
fumar arabescos de vaho emocional,
relegar tu aroma a un rincón marginal.

Descubrí que eras el polvo del diamante,
que tu mundo interior no era brillante.
Fuiste praderas sin flores ni colores,
crisantemo dador de brujos olores.

Dejaré que una orquídea me lave
con su perfume áurico, que iguala toda ciencia.
Tumbado sobre la hierba trazo una nave,
que volará muy lejos de mi conciencia.

En mi jardín no subsiste la violencia,
solo un laúd en perenne indiferencia.

FUISTE VOZ DE OLVIDO

Querría redescubrir tu don y esencia,
en el arpa áurea que tocan las aves,
en sus voces alegres, celestes, suaves,
tan tenues como tu alusión de inocencia.

Eras mi melodía, ahora cadencia
de una sonata romántica sin claves.
Quise llorar nieve dorada en tu ausencia,
pero las huellas del pasado son graves.

Solo me queda ceniza en esta tierra
y el odio que mis libertades encierra.
Tu sonrisa fue un tentador espejismo,
tu cuerpo; lluvia de placer inefable.

Mi corazón fue material renovable,
un albor en tu cielo de vano erotismo.

AMANTES ONÍRICOS

No sé si alguna vez supe amar
a alguien sin su imagen
deformar, por euforia,
ante el cáliz
de mi efervescencia
que acaricié
bajo la furiosa ventisca
de una resplandeciente visión.
Entre latencias de pura música,
busqué melados anillos,
hueros esponsales,
con los que acabé
forjando una falaz atadura.
Sufrí en mis carnes el sinsabor
de la afrenta; ante tan efímero rubor.

MIEDO AL TE QUIERO

Nunca te mediré por tus cualidades.
Y es que amo
todo clavel fiero que surgió
de una tierra de luceros.
Seré la lumbre
de tus veleidades.

El amor es un cielo con agujeros,
sentir el averno y hacerse
guerrillero, vivir la gloria
de un entierro sin velo,
pelearse con el espejo
del anhelo.

Y no quiero paz,
solo ser tu facultad,
destrozaré la daga de tu veneno,
aquel río sereno en el que remo.
Tiraré
el recuerdo,
ahora enfermedad…

EL FONDO DE LA CREACIÓN

El numen de mis versos
duerme en los miríficos arreboles
que se vuelven adversos
cuando se pervierten los actores
de mi vil corazón;
por alígeras dríades mancillado,
que sintió desazón
al beber de su alma; un venero helado.

LAS SOMBRAS NO AMAN

Tenía hambre de fortuna,
de amar bajo un diluvio
de flores, bajo el efluvio
astral del grial de la luna.

Todo es polvo, ya nadie me ama,
soñé un amor irrisorio,
me casé en un velatorio
con las llamas de una dama.

FRASCOS DE PASIÓN

Trémulo, querría hablarte en mi trance,
sumergido en el coro de mis venas
mugrientas, del corazón las cadenas
de devoción partidas por el lance
de desamor al que tú me condenas;
fiera deidad de mi mente balance,
ahora fría azucena en mi pecho
de azufre, sangrante, gris y maltrecho.

La envidia me corroe ante la verdad
del dolor; sarcófago de emociones
que, ya no contento con mi dignidad,
enfrascado en siniestras estaciones,
invierno de pasión sin entidad,
odio sentido de íntimas razones,
que tan solo Venus sabe alegar,
las que de ti nunca pudo expurgar.

EL DOLOR QUE ME DESVISTE

Absorbiste mi susurrada tinta;
lluvia, escarcha, hielo vacío,
como sangre
en gotas de rocío.
Escribí cartas;
cielos aguatinta,
desalmaste un muerto
hecho de sierpes,
hombre hendido
por cadencias sin aire,
de mirada inerte, pero ojos fuertes.

Arrancaste las hojas de mi tallo,
prendiste fuego a las raíces,
hiciste del amor pasado un ensayo,
henchiste mi pulmón
de cicatrices.
Lloraste por mi persona extinta
en tu nube
de polvo sangrienta.
¡Morí entre las sombras
que me asedian!

LA IMPUREZA DE OLVIDAR

Fue procaz veleidad el dejarte,
desoír la sed de tus honestos,
azulados ojos, predispuestos
a hacer de mi vileza un arte.

El traicionarte fue olvidarte,
recrearse en abismos funestos;
nimios placeres sin baluarte
y dejar de nuestro edén los restos;

fundirse hastiado en deshonrosas
beldades espurias sin piedad,
toxinas de pasión vigorosas,

rosas que loan la falsedad.
¡Oh, quiero, haz, eclipse de lucero;
ser de tu sangre un fiel tintero!

LA RIADA DEL ALMA

Dijiste que me olvidé de ti,
no preguntaste querida minerva,
me mataste
con tu verba.
Ahogaste tu pura alma en mí.
Un pozo lustrado
tapado por ti. Solo cogías
su agua sin conocerla,
temías la corriente con frenesí.
Te la bebiste
y ahora es tierra.

SILUETA DORADA DEL MAR

Querida, posees la grandeza del mar.
Eres el sepulcro de mis tan caras joyas;
las que olas bellacas quisieron tomar,
tras intentar ahogarme entre sus hoyas,
hacerme con el negruzco fondo intimar.

Pero tu ingenio las pudo fulminar.
Y así volé lejos de aquel oleaje,
que era del océano el gran pulmonar.
Cuando naufragué, luchaste con gran coraje,
exánime lograste su alma aquietar.

Todavía permaneces en mi memoria
como una ondina eternizada en el agua.
Eres la gracia del cielo, su eterna gloria.
Solo de pensarlo mi ser se desagua
y me vuelvo un caudal de excelsa euforia.

Ya nunca volveré al vil mar mi ciega vista,
ni a la playa; crepúsculo de nuestro amor,
que enalteció nuestra unión purista, intimista,
de la cual solo queda un frágil clamor
y la gran marejada tan surrealista.

¡Oh, querida, te amaré hasta la eternidad,
no por salvarme de este tan oscuro piélago,
ni por llevarme a la tierra en prosperidad
con las caras joyas que fueron un gran lago
de pasión, mas por darme la felicidad!

AURORA DE VALORES

Vi en sus luces un eco
del rezo; sepulcro
de promesas flamantes e hieles,
bienviví la hermandad
del santo ósculo,
de las siluetas
que hacen de sus plegarias mieles.
Desestimé la ventura del rey que regía
¡Ese símbolo llamado iglesia!

ARMÓNICAS FLORES

Tan lejos estamos de armonizar
y tan cerca de desvanecernos,
pretendidos por la vil esfinge del azar,
bajo la forzosa tensión de perdernos
sin idear los paisajes eternos
que perfilarán nuestros cuerpos;
del cielo y la tierra, los cercos.

APUESTA DE FUEGO

No sabía que dios existe
hasta que aprendí
el volátil verbo de amar,
que tantísima energía gasta,
en su vil inmensidad
devasta, pero a uno le embelesa
como el mar,
ese que a los sentidos sabe alarmar
y de la paz
hace una gran subasta
para los que saben aguantar.

TRAS LAS NINFAS

Por los senderos de una gran alameda
me aventuré en parsimoniosa calma,
de gardenias, dalias, densa humareda,
diamantes de ámbar, hojuelas de palma,
cantos melodiosos y polvareda.

Buscaba un sol hecho de esmeraldas
tras el brujo telón de la vereda
que inventé con sus galanes guirnaldas,
reducida al valor de una moneda;
grandezas en mi codicia arraigadas

para pugnar mi infausto desencanto,
memorial de un corazón sin afecto
reconvertido en un vil camposanto,
con la carne de sus zarzas infecto,
dorado por las ninfas y su canto.

LOS VESTIGIOS DEL SANTUARIO

En las tierras de Almonte construí un gran lazo,
verde arroyo de aulagas, nacido del regazo
de la diosa que pintó con sangre, generosa,
las especies que florecen entre mirto y dunas,

linces, ciervos, perdices en fauna prodigiosa,
surgidas como perlas de cauces y lagunas.
Vi tesoros cercados por aves peregrinas,
las ermitas, que son armoniosas medicinas
brotadas de la virgen; cascada de pasión,

bañada en romerías; dulce religión.
Retendría por siempre la imagen absorbente
de la marisma y su alborada esplendorosa,
bella alegoría de dios bajo un sol naciente,
nebulosa omnipresente y tan silenciosa.

Ese es mi lugar,
el pedazo de amor que
encubre la faz de mi largo olvido.

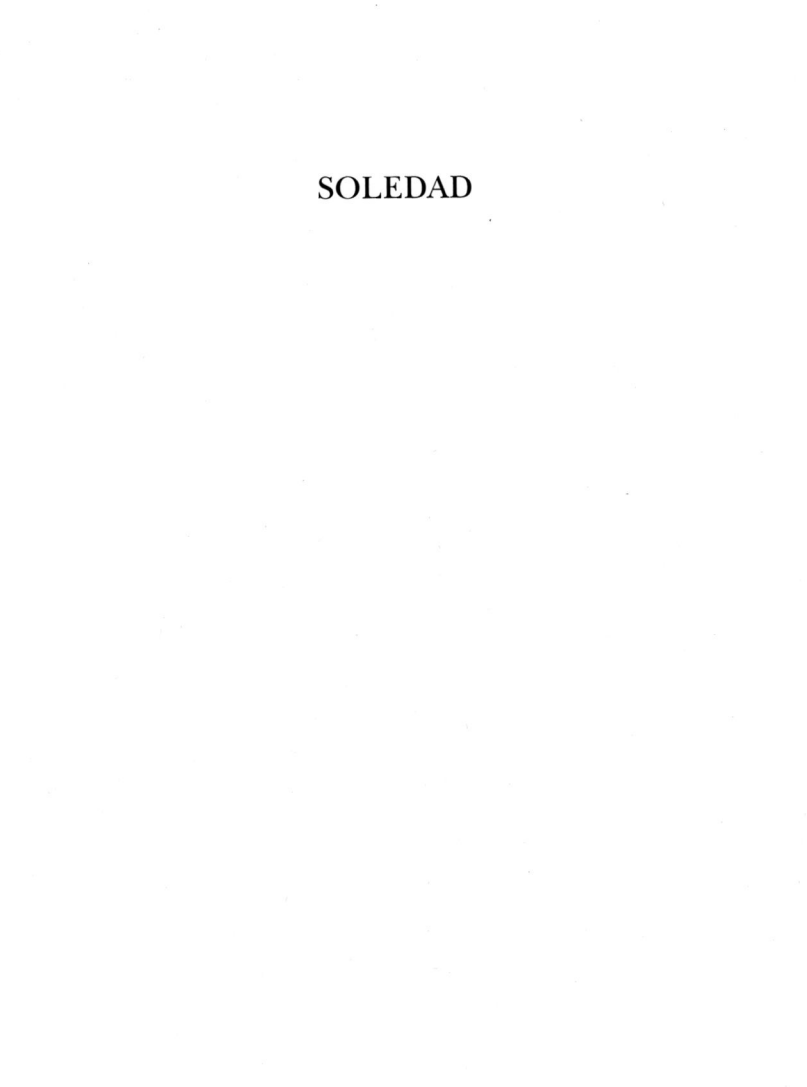

SOLEDAD

OSCURO NIDO

Lávate los ojos con la sangre del olvido,
en el río de la piedad desenmarañada,
entre corazones esculpidos, desposeídos,
ante el umbral
de la mudez
descarnada.

Aprecia el valle inerte del sinsentido.
Acepta los brazos de la verdad sepultada.
Bendice la gracia flébil del polvo barrido.
Besa las hebras de esas voces encerradas.

Derrama agua fría sobre tierra quemada,
entre raíces, cruces,
espinas sin tejido.
Abriga tus sueños
en el lago de la nada
¡Frente a un nido
de oscuro contenido!

EL INFIERNO DEL GOZO

Tras la falaz fortaleza del gozo
un arcángel por los pésames reza
de los pecadores sin fe ni inercia,
que malviven en carne
sin presencia, en trozos.
Fieras viles que carecéis de astucia,
que maldecís lo benigno con furia,
olvidaros de las urnas del placer
frente al ciclón de la adrenalina
que os hará enloquecer.
¡Caváis en vida vuestra propia tumba,
donde resuena el vil eco de la culpa!
que desentona el limbo,
nutrido por mil vicios;
esbozos de un gran nimbo;
oasis difuminado en la penuria
de huecos artificios.

EL CIELO DE MI ABUELO

Ángel, demudaste tu piel.
Desnudaste tu voz tuerta,
al ver la orilla desierta
y agua en barcos sin timonel.

Volaste y creció mi gran hiel,
viste en el cielo un corcel,
prados sin cruz y un clavel fiel,
entre cien nubes de papel.

LA EFIGIE DEL CIELO

La tierra adormecerá su llanto
mas no su canto,
ese pervivirá
entre las flores y las gentes
que loan la eternidad del camposanto.

TIERRA DE POLVO

Si solo oigo sufrimiento
en este tan triste convento,
construido sobre vanos lamentos;
derruidas lágrimas
de sentimientos,
no hagas que el cielo me tiente,
ahora
que susurras
que invente. Como cuando
leo de tu piedra y mientes.
¡Oh, ángel honorable y versado,
ya te has ido, pero agradezco lo vivido!

EL DELIRIO DEL FATUM

Vivía con un hacedor de martirios,
en su finitud me quise desangrar,
con las agujas exudar y temblar
de su reloj negro, organista del cosmos,
galerista de díscolos sacrificios;
loradores en caminos perniciosos
que ruegan llorosos por soplos valiosos!

OTRA MUERTA SIN NOMBRE

Angustia, dolor, martirio.
Manos incoloras de muñeca rota.
Eterno delirio, pintora de lirios,
sed arrancada a una liebre devota,
tez blanca, sangre que brota.

Sueños que se hacen eco del olvido.
Mujeres sin voluntad ni oídos.
Cuerpos violados. Cristales partidos.
Sombras de un recuerdo,
que sepultó el verdugo,
unido al diablo
en la vida marital.

Horror de gemidos.
Soga inhumana o brazo letal que ahoga,
que millones de muertes se ha cobrado.
Males insondables que el corazón desfoga.

¡Oh prisionera de la tierra muda,
emprendes un viaje sin retorno,
frente a la pared desnuda!
Eres la arena y el polvo
que hacina el sepulcro.
Eres la cicatriz de tu piel,
envuelta en escombros.

Tumbada, con la mano depuesta
en una de sus mejillas,
que maquilla la sangre,
morirá otra flébil,
mujer huesuda.

La violencia es una eterna dolencia,
que se clava como un hierro en el alma.

¡Oh mísera verdad,
que gobiernas los páramos
de la tierra, que respiras su aire más puro
y eres tan poderosa como cruda!

CRUCE DE ESFERAS

Es un día amargo, la luz ha desaparecido,
tiene ambos ojos hundidos en la lluvia;
sus gotas son esclavas de un cielo partido,
de aquel que por cantar lloró su voz turbia.

Nada esclarece, subyace o se discierne
antes los vagos rayos del porvenir
y bajo la capa del silencio inerme
se marcha la carabela del devenir.

En el horizonte huérfano se pinta,
de la bruma y espuma que perfuman
un gran candor de estelas regadas con la tinta

purpúrea de los nimbos que se esfuman.
Por la tierra vagan seres de cristal;
clones del hado y su sonrisa inmortal.

GRIS TE QUERÍA

Gris te quería, pobre alma mía.
Toda la suerte me desmerecía.
Solo la muerte, mi hueste,
me compadecía. Reí, flui, hui
después me arrepentía.
Jugué a ser dios
como la mayoría. Tiré los dados
sin saber qué me hacía.

Viví el amor, ameno veneno.
Me quiso un alma de voz angelical.
Sus besos fueron un cruel canto musical,
sonata de truenos,
gritos obscenos.
No bastó con creer,
ella era hiel inmortal,
tren corto, me dijo
que ya no la lleno,
marchó entre el fuego
a otra terminal.

Amoríos
y mil drogas
del cieno,
espejos vacíos
de arena y de cal,
dolores traidores,
mal diferencial,

fiestas caducas,
juegos del desenfreno, brío de líos,
locura ciega de chacal,
sustitutos del ego, fe, fiel veneno,
siestas de la conciencia, placer carnal.

Gris te quería, pobre alma mía,
quise a personas que no me querían.
Seduje a la muerte, sombra
que me consumía. Mi niño murió,
se tiró por las vías.
Cayó en el fango mientras dormía,
su cuerpo renació lleno de anomalías.
Calles desiertas,
ya nadie se despierta
en la ficción de goces,
cerrada puerta. Adicciones que matan
y no libertan, encierro;
puerto del desconcierto,
inocencia fugaz,
tiempos alerta.

Fruición sin paz,
tormento reabierto.
Amor propio,
trauma,
miedo,
senda incierta.

Gris te quería, pobre alma mía,
toda la suerte me desmerecía.
Solo la muerte venía,
me compadecía. Reí, flui, hui
después me arrepentía.
Jugué a ser dios
como la mayoría,
fui un adolescente,
en su eterna agonía.

GRABADO DE MI SUFRIMIENTO

Hoy me secaré mis heridas brillantes,
esas negras huellas de mi depresión,
a espaldas del dolor y sus nigromantes,
grabadas en mi piel como una religión;

causa de muchos tumores malignos,
de inefables, crueles contradicciones
que circulan como sombríos signos
por grandes páramos de lamentaciones.

Lloraré ante un ángel agua plateada,
para que desmorone mi umbría prisión
y me lleve a la nebulosa encantada;

asilo de mi obcecada condición.
Sé que mañana me olvidaré de todo.
Ayer dije lo mismo y sigo en el lodo.

EL TIEMPO EN LA MISERIA

Cuando lloro a veces negro me torno,
rezo a un fantasma; al áureo pasado,
entre las astillas de un pecado sagrado
me condeno al abandono.

Me desvivo de dolor en mi horno;
es mi mente que a la muerte ha enamorado.
No me reintegro, vivo olvidado.
Sangro altivo las hebras de mi entorno.

Beso a la muerte, mi placer es un adorno.
Mis demonios visten de ángel alado;
verdugo de mis instintos, voz del morbo.

El destino al final me la ha jugado.
La verdad del mal me ha dejado absorto
ante el sueño de la vida, eternal juzgado.

CAMINO DEL DOLIENTE

Al final
no supo vivir hasta morir,
apreciar toda huella
que dejó en el suelo,
las caricias que se rompían
al vuelo, de su árbol caduco
el fruto abrir.

Tenía bruto ademán de encubrir,
de arreciar contra su frío riachuelo,
contra su ser doliente;
río del desconsuelo, que vio
sus lágrimas argentadas partir.

¡Oh si pudiésemos la pena combatir
y la nevisca del miedo invertir!
La felicidad nunca logró vencer
al fantasma errante del recelo,
a los pecados
o a la espada del duelo.
Ser un feliz infeliz
es la lid del sentir.

LA PEÑA DEL VACÍO

Sentado sobre una peña escarpada,
solfeo mis execrables plegarias
y baladas de arpista pasionarias,
ligaduras de una harmonía pactada,

estridente imán de hierro inoxidable,
que aflicciones venda, con su estaca
asesina, que fue un hilo honorable
¡de mi vida, de consunción, tan flaca!

LA MUERTE MÁS VIVA

Decidí construir mi lóbrega fosa,
asumir el final sin autoengaños,
sangrar el olvido de todos mis años
y tomar a una parca como esposa.

Antes caí en charcos de puro veneno,
me alimenté de ilusión, pasión, rencor
y vi cien mundos ardiendo en queroseno.
Sin esperanza, veré mi último fulgor.

EL ERIAL PATERNO

La gran grieta es sempiterna,
que quebranta mi caverna
forjada de amor materno;
puro arrebol en dehesas
anubladas por promesas
huecas del erial paterno.

AMISTAD DEL ENEMIGO

La envidia se desviste sin dolor.
Cree que su puñal olerá a rosas,
crea efigies de un enemigo color
y convierte palabras en fosas.

Falsifica el miedo con resquemor
o culpa al reloj de todas las cosas.
Te guía en el averno del amor
y recita espurias promesas hermosas.

Decía haber sido un leal amigo,
la soledad atrae lóbregas sombras,
quería burlar toda luz que abrigo.

Mi suerte se fue con el enemigo,
esa estrella augural que deshonra
y partida se dio al ave herido.

ANOCHECÍA

Haces de luz
serpentean por las ramas,
ciegan o desvisten al rapaz perdido.
¡Si braman
de la oscuridad en llamas!

EL CLAVO DE TU IMAGEN

Vivir sin ti, sin mística, es como morir
desangrado en un hórrido, triste hospicio.
Por una contusión tenaz sin auspicio
de mejora, con infamias que cubrir.
Frente a la virgen, luz sobre el precipicio
de mi moral que se está por pudrir,
por rezar a la hénide que me hace sufrir.

TRAICIONERO DESTINO

Vela por esas almas desbocadas,
náufragas de la infancia dorada,
por aquellas coristas desoladas
como olas encrespadas en la nada.
Llora por esas almas quemadas,
aduladoras del tiempo corrompido
y aquellas muertas
hojas pesadas;
presas
del eterno
viento perdido.
Lamenta la efímera quimera
como si fuese siempre
la primera, aquella nube
fugaz y ligera, traidora
que jamás tolera.
Observa el cielo descolorido,
divinidad que solo ha acusado
y todo beso ha condenado
¡Que el amor ha mitificado!

LA TUMBA DEL CIELO

El mundo
canta el forzoso himno del luto.
Las estrellas
relucen en su lecho la herencia,
las oriundas cometas
le rinden tributo,
entre sus pechos
llora la gran flor de la ausencia
¡La vida solo suplanta el silencio absoluto!

CADENAS DE PLOMO

La sabiduría me ha enseñado a sufrir,
a abrir un frente entre el placer
y el miedo de vivir plenamente.
Vivir es tener un enredo
a la vista de un dios que es sabio
pero insincero. El conocimiento
es de la muerte el prisionero.
Quisiera saber menos,
ocultar las yedras
que aplacan mi cerebro
de piedra. Ojalá pudiera romper
las barreras a las que la vida
me condena con su calavera.

EL FONDO DEL EGO

La humildad es imperiosa
cuando el ego se impone
ante el bien que se opone
a los barcos a la deriva,
que cavan su propia fosa,
al buscar en oro, plata
y flores la paz barata
de una isla sin luz ni riba.

ASÍ FUE Y SERÁ

La humanidad se establece.
La verdad permanece.
Y el olvido crece.
Pero toda materia perece.

Soledad fue mi nombre,
ahora es una lumbre,
reflejo de la cruz
que hoy despido
en el alba del olvido.

ÍNDICE

AMOR

SOLEDAD